**W9-AAU-993**

"Un libro lleno de admiración por las leyes naturales de la tierra y por el lugar que cada persona ocupa sobre ella."—*School Library Journal* (traducción al español de la reseña)

A *Parents' Choice* Award Winner
A *Publishers Weekly* Children's Bestseller
An ABC Children's Booksellers Choice
An AIGA Annual Book
An NCSS-CBC Notable Children's Trade Book in the Field of Social Studies
An NCTE Notable Children's Trade Book in the Language Arts
An NSTA-CBC Outstanding Science Trade Book for Children

*La víspera de tu nacimiento el anuncio de tu llegada pasó de un animal al otro . . .
y la maravillosa noticia se propagó por todo el mundo.*

Vengan al encuentro de nuestro planeta mientras tira de él la luna y sube la marea, cae la lluvia y, nace un bebé. Participen de la celebración de nuestra naturaleza que hace Debra Frasier al darle una amorosa bienvenida a cada miembro de nuestra familia humana—¡incluídos ustedes mismos!

# El día en que tú naciste

## Debra Frasier

Traducido al español por Alma Flor Ada y F. Isabel Campoy

Libros Viajeros
Harcourt Brace & Company
San Diego   Nueva York   Londres

*Con un agradecimiento especial a Allyn Johnston,*
*por su infatigable ayuda editorial y por observar*
*conmigo los pájaros a larga distancia* —D. F.

This is a translation of *On the Day You Were Born.*

First Libros Viajeros edition 1998
*Libros Viajeros* is a registered trademark of Harcourt Brace & Company.

Library of Congress Cataloging-in-Publication Data
Frasier, Debra.
[On the day you were born. Spanish]
El día en que tú naciste/Debra Frasier; traducido al español por
Alma Flor Ada y F. Isabel Campoy.
p.  cm.
"Libros Viajeros."
Summary: The earth celebrates the birth of a newborn baby.
ISBN 0-15-201709-7
1. Earth—Juvenile literature.  2. Childbirth—Juvenile literature.  I. Title.
QB631.4.F7418  1998
508—dc21    97-15921

F E

Printed in Singapore

En una isla en la cuesta de Wabasso, en Indian River Lagoon, en la Florida, un grupo de ciudadanos
responsables han construído el Environmental Learning Center (Centro de aprendizaje del medio
ambiente), lugar en que niños y adultos pueden observar y aprender sobre la vida acuática que abunda
en esa parte de la Florida. Una porción de las ganancias de la venta de este libro está destinada a la
conservación del Centro, a través de los fondos para programas educativos.

Para la Madre Tierra,
nacida hace cuatro mil millones y medio de años

para Baby Calla,
que nació el 1 de junio de 1988

y para ti

La víspera de tu nacimiento
el anuncio de tu llegada
pasó de un animal al otro.

Los renos se lo contaron a las golondrinas árticas,
que se lo dijeron a las ballenas nudosas,
que se lo contaron a los salmones del Pacífico,

que se lo contaron a las mariposas monarcas,
que se lo dijeron a las tortugas verdes,
que se lo contaron a las anguilas europeas,
que se lo dijeron a las ruidosas currucas del jardín,

y la maravillosa noticia se propagó por todo el mundo.

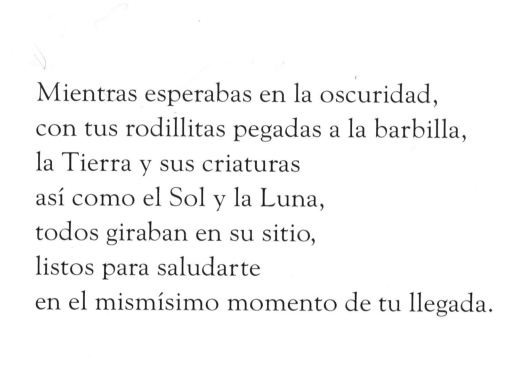

Mientras esperabas en la oscuridad,
con tus rodillitas pegadas a la barbilla,
la Tierra y sus criaturas
así como el Sol y la Luna,
todos giraban en su sitio,
listos para saludarte
en el mismísimo momento de tu llegada.

El día en que tú naciste
el planeta redondo llamado Tierra
se volvió hacia el cielo de tu mañana,
girando sobre la oscuridad,
tornando la noche en luz.

El día en que tú naciste
la fuerza de gravedad
te atrajo a la Tierra
con la promesa de que
nunca te irías flotando en el espacio . . .

. . . mientras que allá en el espacio
el Sol ardiente
envió
llamas gigantescas,
para que alumbraran tu cielo
desde el amanecer hasta el atardecer.

El día en que tú naciste
la Luna silenciosa iluminó la noche
y prometió traerte
su cara llena, brillante,
cada mes,
a tu ventana . . .

. . . mientras que muy arriba sobre el Polo Norte,
la brillante Estrella Polar,
se mantuvo quieta, derramando luz de plata
sobre tu cielo nocturno.

El día en
que tú naciste
la Luna atrajo
al océano
bajo ella y,
ola tras ola,
una marea alta
limpió las playas
para que dejaras
tus huellas
en la arena . . .

. . . mientras que
allá en alta mar
las nubes se
hincharon con
gotas de agua,
y navegaron
hasta la costa,
sobre el viento,
para lloverte
una bienvenida
sobre los campos
verdes de la Tierra.

El día en que tú naciste
un bosque de árboles altísimos
recogió la luz del Sol
en sus hojas,
y allí, en misterioso silencio,
creó oxígeno
para que tú lo respiraras . . .

. . . mientras que cerca de tu piel
y tan alto como el cielo,
el aire se deslizó y sopló en todas direcciones,
ofreciendo su protección invisible a ti,
y a todos los seres vivos de la Tierra.

El día en que tú naciste
la Tierra giró, la Luna atrajo al océano,
el Sol lanzó llamas, y, entonces, con un empujón,

tú saliste de la quietud oscura
donde repentinamente, podías oír . . .

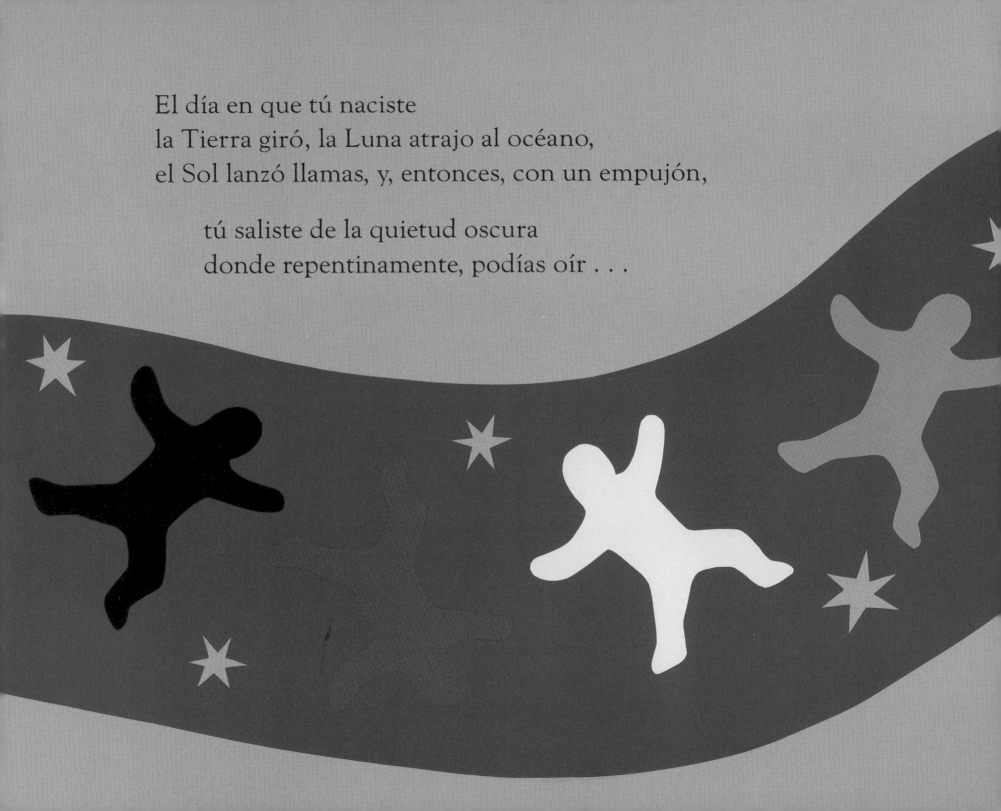

. . . a un grupo de personas cantando
con voces familiares y claras.

—Bienvenida, criatura, al mundo que gira y gira—cantaba la gente, mientras te lavaban las manitas recién estrenadas.

—Bienvenida, criatura, a la Tierra verde—cantaba la gente, mientras te cubrían el cuerpecito húmedo y escurridizo.

Y mientras te acunaban en sus brazos,
te susurraban al oído abierto y redondo:
—¡Estamos tan contentos con tu llegada!

# Más sobre el mundo que te rodea

## ANIMALES MIGRATORIOS

La **migración** de los animales tiene dos partes: un viaje de ida y otro de vuelta. La razón más frecuente por la que emigran los animales es para buscar comida y para concebir nuevos miembros de la especie, pero todavía tenemos muchas preguntas sin contestar sobre *por qué* algunos animales hacen esos viajes tan espectaculares y *cómo* saben regresar al punto de partida.

Los **renos** de la región de Laponia en Finlandia viajan en primavera hacia el norte para comer el musgo del Ártico y al final del verano ártico, regresan. Las **golondrinas árticas** vuelan y planean sobre el viento 17.000 millas al viajar desde los lugares donde conciben en el Ártico, al norte de Inglaterra y Escandinavia, hasta los lugares en la Antártida donde se alimentan en invierno, más allá de la punta de Sur América, y luego regresan. Las **ballenas nudosas** se alimentan en las aguas heladas de los océanos ártico y antártico y luego nadan hacia el ecuador durante sus inviernos respectivos para dar a luz y amamantar a sus crías en aguas más tibias. El **salmón del Pacífico** nace en los arroyos de agua dulce, tierra adentro, en el noroeste de los Estados Unidos para luego viajar hasta el oceáno Pacífico para vivir allí por dos años. Al cabo de este tiempo y guiándose probablemente por las estrellas y por su olfato, regresa al lugar donde nació para concebir y que sus hijos nazcan en el mismo lugar. Cada otoño, cien millones de **mariposas monarcas** procedentes del este y del centro de los Estados Unidos vuelan hacia el sur cruzando todo el continente hasta llegar a su lugar de invierno, los bosques de abetos en el centro de México. El espectacular viaje de las **tortugas verdes** lleva a estas nadadoras gigantes del océano desde sus comederos frente a las costas de Brasil hasta una playa a 870 millas de distancia, en la pequeña isla de Ascensión, donde ponen sus huevos. Veinte o treinta años más tarde, las tortugas que nacieron allí volverán a la misma playa a poner sus propios huevos, siendo capaces de encontrar de una forma misteriosa aquella breve franja de arena en el inmenso océano Atlántico. Las **anguilas europeas** nacen en las costas de la Florida y cuando llegan a tener unas cuatro pulgadas inician un viaje transatlántico que puede llevarles hasta tres años. Las anguilas buscan arroyos europeos de agua dulce donde residen hasta alcanzar su tamaño adulto, para luego iniciar de vuelta su viaje a América del Norte. Las **currucas de jardín europeas** comienzan su viaje en el centro de África y vuelan a través del Sahara y el mar Mediterráneo para regresar haciendo un círculo gigante por el estrecho de Gibraltar y de vuelta sobre el desierto.

## TIERRA ROTATORIA

La tierra da vueltas del oeste al este sobre un *eje*, una línea imaginaria que une el Polo Norte y el Polo Sur atravesando el centro de la tierra. Exactamente a la mitad del eje, hay otra línea imaginaria que rodea la tierra, como un cinturón. A esta línea se le llama el *ecuador*. La tierra rota a mucha velocidad, aproximadamente a 1.040 millas por hora en el ecuador, sin detenerse ni disminuir nunca su velocidad. Cuando una parte de la tierra está de cara al sol, allí es de día y a medida que esa misma parte se aleja del sol, empieza a atardecer y a aparecer la noche. La tierra tarda 24 horas en dar una vuelta completa sobre su eje. Al mismo tiempo que la tierra gira cada día sobre su eje, también viaja alrededor del sol en una órbita que tarda un año en recorrer.

### FUERZA DE GRAVEDAD

Los objetos en el universo se atraen entre sí. Esta fuerza de atracción se llama *gravedad.* Aunque todos los objetos se atraen los unos a los otros, la atracción que más afecta a las personas es la fuerza que ejerce el objeto mayor y más cercano que es la tierra. La tierra a su vez sufre la atracción del sol y de la luna. En la tierra todos los objetos tienen *peso,* que es realmente la fuerza de gravedad que atrae a los objetos hacia el centro de la tierra. Dada la constante atracción hacia ese centro, no importa donde uno esté de pie sobre la tierra cuando se señala hacia el espacio sobre nuestras cabezas, ¡ese punto está arriba! La atracción de la tierra tiene un gran alcance, pudiendo atraer incluso a la luna que está a 238.857 millas de distancia.

Nadie en realidad ha visto el centro de nuestro planeta, pero los científicos han delineado un modelo de su interior basándose en experimentos que miden la velocidad de las vibraciones que pasan a través de la tierra. De acuerdo a ese modelo hay cuatro capas claramente diferenciadas, comenzando por la *corteza* rocosa, que está directamente bajo la superficie de tierra y agua. El *manto,* una capa caliente, pesada y flexible, se extiende bajo la corteza. El centro tiene dos partes: un *centro exterior* compuesto de hierro fundido, y finalmente, una bola de hierro al rojo vivo llamada *centro interior.*

### SOL FLAMÍGERO

El sol, la estrella más cercana a la tierra, mide 400 veces la anchura de nuestro planeta. Su superficie es una masa gigante de gases en llamas apilados como las capas de nubes que rodean la tierra. Las temibles capas externas de gas se mueven a una velocidad de 4.000 millas por hora, despidiendo llamas gigantes. Estas enormes propulsiones de fuego se llaman *prominencias* y forman un arco de un millón de millas sobre su superficie. La luz procedente del sol flamígero tarda unos 8 minutos en viajar la distancia de 93 millones de millas hasta la superficie de la tierra. Toda la vida en la tierra depende de la energía solar.

### LUNA BRILLANTE

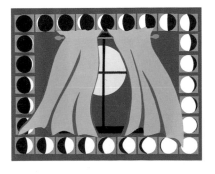

La luna viaja en un círculo alrededor de la tierra. No podría alejarse y deambular por el universo dada la constante atracción que ejerce la gravedad de la tierra sobre ella. La luna tambien está en rotación lenta, girando sobre su propio eje a la misma velocidad en que viaja alrededor de la tierra, siempre mostrando el mismo lado hacia la tierra. No tiene luz propia sino que capta la luz del sol y la refleja de vuelta sobre la tierra como si fuera un espejo. El sol no cesa de brillar sobre la luna haciendo que un lado brille mientras el otro está constantemente en tinieblas.

Cuando la tierra está entre el sol y la luna, una luna redonda brilla sobre la tierra. Cuando la luna en su viaje se coloca entre el sol y la tierra, no refleja nada de luz sobre la tierra. Esta luna sin luz se llama *luna nueva.* A medida que la luna viaja entre sus posiciones de llena y nueva una y otra vez, va reflejando cantidades variables de luz sobre la tierra cada noche. Estos cambios de luz se llaman *fases.* Una vuelta completa de la luna alrededor de la tierra tarda aproximadamente 28 días.

## ESTRELLA RELUCIENTE

La gente con frecuencia ha agrupado a las estrellas conforme a los perfiles que forman en el cielo nocturno. Estos grupos de estrellas se llaman **constelaciones.** La Osa Mayor, que contiene a la Osa Menor, es una de estas constelaciones. Parece una cazuela con un asa muy larga. La **Estrella Polar** está ubicada en la esquina más al norte del asa de la Osa Menor. Si el eje de la tierra, esa línea imaginaria que va desde el Polo Norte hasta el Polo Sur, pudiera extenderse más allá del Polo Norte hacia el espacio infinito, señalaría casi exactamente a la Estrella Polar. Mientras la tierra gira sobre este eje, la Estrella Polar parece estar colgada de la punta de ese eje, inmóvil. Si alguien mira al cielo en la noche desde cualquier lugar al norte del ecuador, todas las otras estrellas parecen girar en un círculo gigante alrededor de esta **Estrella del Norte** o **Estrella Polar.** El lugar que ocupa la Estrella Polar en el cielo es siempre fijo y puede usarse como punto de referencia para medir distancias en el hemisferio norte.

## MAREA ALTA

La tierra se siente ligeramente atraída hacia la luna por la gravedad de la luna. Los océanos son más sensibles a esta atracción que la tierra y están en constante movimiento subiendo y bajando en respuesta a la posición de la luna sobre ellos.

Cuando la luna está directamente sobre un océano, la gravedad de la luna atrae las aguas, alejando al océano ligeramente de la tierra. Este tirón hace que el océano se haga más profundo en el lugar exacto bajo la luna y cree una **marea alta** sobre la costa. Simultáneamente hay una marea alta en el lugar *opuesto* de la tierra. Allí el tirón de la gravedad de la luna sobre el océano es más débil y el agua se derrama empujada por la fuerza del giro de la tierra. Esta es la razón por la cual si uno pasase el día y la noche en la playa, podría ver dos mareas altas: una más fuerte cuando la luna está directamente sobre el océano, y otra más débil unas 12 horas más tarde, cuando la playa ha girado al punto exactamente opuesto a la luna y está más lejos de sus efectos de gravedad. Todos los días hay **mareas bajas** cuando el planeta está girando entre estas dos marcas de elevación del agua. Toma 24 horas y 50 minutos para que cualquier playa en la tierra pase por estos dos puntos y vuelva a tener a la luna directamente encima, otra vez.

## LLUVIA QUE CAE

El agua puede existir en tres estados diferentes. Puede ser sólida, como el hielo; líquida, como el agua para beber; o invisible, como si fuera un gas al que llamamos **vapor de agua.** El agua se encuentra en esos tres estados en el cielo. Cuando el agua de los océanos se calienta por efecto del sol, las unidades más pequeñas de agua (a las que llamamos **moléculas**) se elevan, o **evaporan,** directamente en el aire. Este vapor de agua invisible se enfría, se pega a partículas de polvo, sal marina, o humo y se convierte en una **gotita.** El enfriamiento y la conversión del vapor de agua en pequeñas gotitas se llama **condensación.** Cuando estas gotitas viajan en masa por el cielo, las vemos como nubes. Los científicos siguen investigando cómo caen las gotas, pero hay muchos que piensan que cuando las gotitas se unen hasta formar una gota se hacen tan pesadas que caen a la tierra como *precipitación.* A menudo la parte más alta de las nubes está cubierta de cristales de hielo, y otra teoría sugiere que cuando estos cristales de hielo se hacen muy pesados, caen hacia la tierra. Cuando una gota de cristal de hielo pasa a través de una corriente de aire frío en su camino descendente, llega a la tierra convertida en nieve o granizo. Cuando una gota de cristal de hielo pasa a través de una corriente de aire caliente en su camino descendente, llega a la tierra convertida en lluvia. Todos los días llueve en algún lugar de la tierra.

### ÁRBOLES QUE CRECEN

Los árboles tienen por regla general un sólo tronco, enraizado en la tierra, que soporta una corona de ramas más pequeñas. De estas ramas nacen las hojas, que crecen en formas y tamaños muy, muy diferentes según el tipo de árbol. Las hojas en los climas nórdicos son por regla general planas y anchas para poder captar la mayor cantidad de sol posible. Las hojas en áreas secas son por lo general pequeñas y delgadas para limitar su exposición al sol y la pérdida de humedad. Independientemente de su tamaño, cada hoja capta la luz del sol y extrae el monóxido de carbono del aire mientras el agua y los minerales ascienden desde las raíces del árbol. La combinación de la luz del sol, monóxido de carbono, agua y minerales sufre una transformación química dentro de las hojas que produce azúcar y comida para el árbol. Durante ese proceso las hojas producen y sueltan oxígeno. A este proceso se le conoce como *fotosíntesis.*

Todos los días los árboles absorben gran cantidad de monóxido de carbono y sueltan oxígeno. Cuando la gente respira, *inhalan,* o toman el oxígeno y *exhalan,* o sueltan monóxido de carbono, de tal manera que los árboles y las personas están intercambiando constantemente el aire. Un acre de bosque joven produce alrededor de cuatro toneladas de oxígeno por año. Esta cantidad es suficiente para que 18 personas puedan respirar por espacio de un año, por lo tanto, se necesitan muchos, muchos acres de árboles que contribuyan el oxígeno necesario para todos los animales y personas que habitamos el planeta tierra.

### CORRIENTES DE AIRE

Hace 600 millones de años, se mezcló una cantidad suficiente de oxígeno con otros gases hasta formar la espesa capa de aire a que llamamos *atmósfera,* y que rodea a nuestro planeta hoy en día. El oxígeno, que es el gas que necesitan los seres humanos para respirar, constituye aproximadamente el 21 por ciento de la atmósfera. El nitrógeno, que es otro gas, constituye el resto. Esta capa de gases es muy importante. Actúa como si fuera una manta, protegiendo a la tierra de demasiado calor del sol y manteniendo una temperatura templada para que el planeta no alcance temperaturas demasiado bajas por la noche. La atmósfera se va haciendo más delgada cuanto más se aleja de la tierra. La capa más cercana, llamada *troposfera,* se extiende entre 5 y 11 millas hacia el exterior y contiene la mayor parte del clima de la tierra. La capa siguiente es la *estratosfera,* seguida por la *ionosfera,* y finalmente, *la exosfera,* que se extiende 5.500 millas desde la tierra. Más allá de la exosfera está el *espacio,* donde no hay aire.

# CORO DE VOCES

Cada día nacen niños en todos los países de la tierra. El número de personas, o **población,** aumenta cada día, y sin embargo cada persona es única.

Una de las diferencias más notables entre la gente es el color de su piel. El color viene de unos granitos de *melanina,* un pigmento que se encuentra en la segunda o tercera capa de la piel de una persona. Estos granitos son tan pequeños que, a la vista, se mezclan y hacen que la piel aparezca suavemente coloreada. Muchos científicos creen que los diferentes tonos de piel de los seres humanos evolucionaron como consecuencia de la intensidad del sol.

Hace miles y miles de años, cuando sólo pequeñas tribus de gente vivían esparcidas por las áreas tropicales de la tierra, el color de la piel de una persona podría ofrecer una protección importante contra los poderosos rayos ultravioleta del sol. Para estas antiguas poblaciones ecuatoriales, una piel más oscura resultó ser un escudo frente a este peligro. La sobrevivencia dependía simplemente de esa ventaja, y la gente de piel oscura se multiplicó. Conforme la gente fue emigrando hacia los polos, donde los inviernos son largos y la luz del sol escasa, las personas con piel más clara se beneficiaban por poder absorber más facilmente la luz del sol necesaria para mantener al cuerpo saludable. Más personas de piel clara pudieron sobrevivir los rigores del invierno, y generaciones sucesivas en climas fríos favorecieron a la gente de piel más clara. Por lo tanto la piel de la gente evolucionó desde muy oscura, o casi negra, hasta morena, morena clara o incluso rosada, según dónde viviera en el planeta. Los científicos esperan que el color de la piel de los seres humanos siga adaptándose a las condiciones cambiantes de la tierra.

Los collages de papel en este libro se hicieron con papel Crescent y Canson.
El texto y los tipos de muestra han sido compuestos en Goudy Old Style.
Las separaciones de color fueron realizadas por Bright Arts, Ltd., Singapur.
Impreso y encuadernado por Tien Wah Press, Singapur
Supervisores de producción Stanley Redfern y Jane Van Gelder
Diseñado por Debra Frasier y Joy Chu

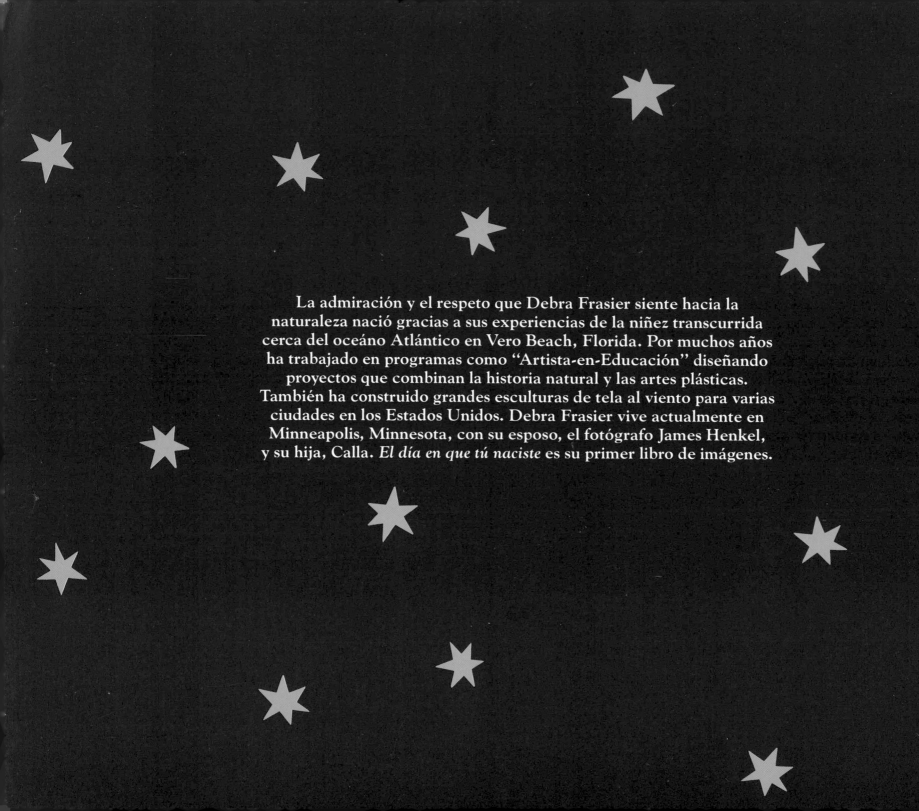

La admiración y el respeto que Debra Frasier siente hacia la naturaleza nació gracias a sus experiencias de la niñez transcurrida cerca del oceáno Atlántico en Vero Beach, Florida. Por muchos años ha trabajado en programas como "Artista-en-Educación" diseñando proyectos que combinan la historia natural y las artes plásticas. También ha construido grandes esculturas de tela al viento para varias ciudades en los Estados Unidos. Debra Frasier vive actualmente en Minneapolis, Minnesota, con su esposo, el fotógrafo James Henkel, y su hija, Calla. *El día en que tú naciste* es su primer libro de imágenes.